CORA WETZSTEIN

LOW CARB
SEELENFUTTER

FOTOGRAFIE: MATHIAS NEUBAUER, AUEN60 PHOTOGRAPHY

INHALT

Öffnen Sie die Klappen dieses Buches.
Dort finden Sie die wichtigsten Infos zum Thema auf einen Blick!

DAS PRINZIP:
LOW CARB

DIE PERFEKTE
KOMBI

Immer griffbereit:

SO GEHT'S:
GEMÜSE
VORBEREITEN

Immer griffbereit:

SO GEHT'S:
LOW-CARB-
BEILAGEN

GU CLOU

Wussten Sie schon, dass ...?
Entdecken Sie bei einigen ausgewähl-
ten Rezepten ganz besondere Tipps
mit verblüffendem Insiderwissen.
Aha-Momente garantiert!

 Mit diesem Symbol sind alle vegetarischen
Gerichte gekennzeichnet.

 Die Backzeiten können je nach Herd variieren. Unsere Temperaturangaben beziehen
sich auf das Backen im Elektroherd mit
Ober- und Unterhitze.

 Sammeln Ihrer Lieblingsrezepte
mit der »GU Kochen Plus«-App
(siehe S. 64)

REZEPTKAPITEL

06
KLEINE SEELENTRÖSTER

16
VEGGIE-YUMMIES

32
FEELGOODS MIT FLEISCH UND FISCH

50
SÜSSER SEELENBALSAM

CORA WETZSTEIN

*Was ist eigentlich Seelenfutter und wie passt das mit einer Diät zusammen?
Erfahren Sie hier, wie viel Soulfood-Glück eine moderate Low-Carb-Ernährung mit
sich bringt – ohne Gewissensbisse, Verbote und Kalorienzählen.*

Warum habe ich dieses Buch geschrieben und wen will ich damit erreichen?

Ich beschäftige mich seit mehr als zehn Jahren mit dem Thema Low Carb und bekomme immer wieder mit, dass die meisten diese Ernährung als Diät sehen. Leider schlägt das bei vielen in ein sehr unentspanntes und dogmatisches Verhältnis zu so einer wunderbaren Sache wie Essen um. Und es werden verbissen Kohlenhydrate gezählt und jeder Nachtisch abgelehnt. Ich wollte mit diesem Buch kleine Glückskekse verschenken, die perfekt in eine moderate Low-Carb-Ernährung passen. Diese erlaubt bis zu 30 Prozent der täglichen Energiezufuhr in Form von Kohlenhydraten und lässt ohne schlechtes Gewissen das Genussherz höher schlagen.

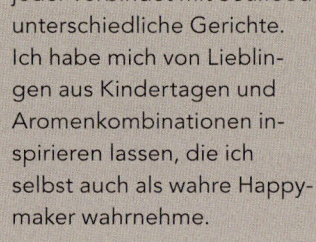

Woher kommen die Inspirationen und Ideen zu meinen Rezepten?

Natürlich sind die Geschmäcker verschieden und jeder verbindet mit Soulfood unterschiedliche Gerichte. Ich habe mich von Lieblingen aus Kindertagen und Aromenkombinationen inspirieren lassen, die ich selbst auch als wahre Happymaker wahrnehme.

Was möchte ich meinen Lesern mit auf den Weg geben?

Low Carb ist eine Ernährung, die einen das ganze Leben lang begleiten kann, und dabei darf der Genuss nicht fehlen. Nehmen Sie meine Rezepte als Anleitung zum Glücklich-Essen – aber wandeln Sie sie gerne zu Ihrem eigenen perfekten Soulfood um. Don't worry, eat happy!

CHILI CON CARNE
MIT 5 ZUTATEN

2 EL Olivenöl in einem Topf erhitzen ...

... und 800 g Rinderhackfleisch krümelig braten.

Je 1 rote und gelbe gewürfelte Paprika dazugeben und 2 Min. mitbraten.

150 g Ajvar (nach Belieben scharf oder mild) hinzufügen und 2 Min. mitbraten.

250 ml Wasser, Salz und Pfeffer dazugeben und alles 10 Min. offen köcheln lassen.

1 Dose Kidneybohnen (250 g Abtropfgewicht) unterrühren.

Das Chili weitere 5 Min. köcheln lassen, mit Ajvar, Salz und Pfeffer abschmecken und in vier tiefen Tellern anrichten.

KLEINE SEELENTRÖSTER

Für 4 Personen • 40 Min. Zubereitung • Pro Portion ca. 490 kcal, 37 g E, 36 g F, 4 g KH

LACHSTATAR MIT RADIESCHEN UND SPIEGELEI

FRÜHLINGS-REZEPT

FÜR DAS TATAR

100 g Radieschen
2 Frühlingszwiebeln
400 g geräucherter Lachs
½ Limette
½ TL Rohrohrzucker
1 ½ EL geröstetes Sesamöl
2 EL Sojasauce
Pfeffer

FÜR DIE SPIEGELEIER

2 ½ EL Rapsöl
4 Eier
Salz, Pfeffer
4 EL Rettichsprossen (ersatzweise
  Radieschensprossen)

AUSSERDEM

4 Dessertringe mit 8 cm ⌀

TATAR: Die Radieschen waschen, putzen und fein würfeln. Die Frühlingszwiebeln putzen, waschen und in feine Ringe schneiden. Den Räucherlachs ebenfalls so fein wie möglich würfeln. Den Saft der Limettenhälfte auspressen. Radieschen, Frühlingszwiebeln und Lachs in eine Schüssel geben und mit Limettensaft, Zucker, Sesamöl und Sojasauce mischen. Das Tatar mit Pfeffer abschmecken. Je 1 Dessertring auf jeden Teller stellen. Das Tatar auf die Ringe verteilen und leicht am Boden andrücken. Die Ringe abziehen.

SPIEGELEIER: 2 EL Rapsöl in einer beschichteten Pfanne erhitzen. Die Dessertringe am unteren inneren Rand mit dem restlichen Öl bestreichen und in die Pfanne stellen. In jeden Ring 1 Ei aufschlagen und bei mittlerer Hitze braten, bis das Eiweiß gestockt ist. Die Ringe abnehmen, die Eier mit Salz und Pfeffer würzen.

FERTIGSTELLEN: Auf jedes Tatar ein Spiegelei setzen, die Eier mit Sprossen bestreuen und mit Pfeffer würzen.

Für 4 Personen • 25 Min. Zubereitung • Pro Portion ca. 375 kcal, 16 g E, 32 g F, 5 g KH

CAPRESE MIT MOZZARELLA 🌿

FÜR GÄSTE

8 Tomaten
Salz, Pfeffer
2 EL Basilikumpesto
   (aus dem Glas)
300 ml Olivenöl
2 Stängel Basilikum
100 g gemahlene gehäutete
   Mandeln
1 Ei
250 g Mozzarella (2 Kugeln)

1 Tomaten waschen, abtrocknen und in Scheiben schneiden, dabei die Stielansätze entfernen. Die Tomatenscheiben dachziegelartig auf vier großen Tellern auslegen, kräftig salzen und pfeffern. Pesto mit 4 EL Olivenöl verrühren und über die Tomaten träufeln. Basilikum waschen, trocken schütteln, die Blätter abzupfen und beiseitelegen.

2 Die Mandeln auf einen Teller schütten. Das Ei in einem tiefen Teller mit Salz und Pfeffer verquirlen. Die Mozzarellakugeln waagerecht halbieren und trocken tupfen. Jedes Mozzarellastück im Ei, in den Mandeln, nochmals im Ei und erneut in den Mandeln wenden, sodass es rundherum dick paniert ist.

3 Das restliche Öl ca. 1 cm hoch in einen kleinen Topf einfüllen und stark erhitzen. Die Hitze reduzieren und die Mozzarellastücke portionsweise in je 3–4 Min. rundum goldbraun braten. Den Mozzarella auf den Tomaten verteilen und mit Basilikum garniert servieren.

Für 4 Personen • 25 Min. Zubereitung • Pro Portion ca. 430 kcal, 16 g E, 39 g F, 3 g KH

FENCHELSALAT MIT ZIEGENKÄSE

SCHNELL

2 Knollen Fenchel
4 EL Olivenöl
½ TL Fenchelsamen
Salz, Pfeffer
8 Ziegenkäsetaler (à ca. 40 g)
8 dünne Scheiben durchwach-
  sener Räucherspeck
8 Salbeiblätter

1 Den Fenchel putzen, längs vierteln, waschen und vom Strunk befreien. Die Viertel quer in ca. 1 cm breite Streifen schneiden. 2 EL Öl in einer breiten Pfanne erhitzen und den Fenchel darin bei mittlerer bis großer Hitze unter Rühren ca. 10 Min. anbraten. Das Gemüse mit Fenchelsamen, Salz und Pfeffer würzen und zugedeckt auf der ausgeschalteten Herdplatte bis zum Servieren stehen lassen.

2 Jeden Ziegenkäsetaler mit 1 Scheibe Speck umwickeln. Das restliche Öl in einer zweiten Pfanne erhitzen und die Salbeiblätter darin bei mittlerer bis großer Hitze in 1–2 Min. knusprig braten. Aus der Pfanne heben und beiseitestellen. Die Taler in die Pfanne geben und auf jeder Seite 1–2 Min. kräftig anbraten. Den Fenchel auf vier Tellern anrichten, je 2 Ziegenkäsetaler daraufsetzen und diese mit Knusper-Salbei toppen.

OMELETT MIT PARMASCHINKEN

ZUM FRÜHSTÜCK

1 Zucchino (ca. 300 g)
8 Eier
Salz, Pfeffer
4 EL Olivenöl
125 g Mozzarella
4 getrocknete Tomaten (in Öl)
10 große hauchdünne Scheiben
  Parmaschinken
2 EL Basilikumpesto (aus dem
  Glas)
1 kleines Bund Rucola
2 EL Crema di balsamico

1 Den Zucchino waschen, putzen und in sehr dünne Scheiben schneiden. Die Eier in eine Rührschüssel aufschlagen, salzen und pfeffern und mit einer Gabel gut verquirlen.

2 2 EL Olivenöl in einer großen beschichteten Pfanne erhitzen und die Hälfte der Zucchinischeiben darin so verteilen, dass sie möglichst den ganzen Pfannenboden bedecken, ohne zu überlappen. Zucchinischeiben ca. 2 Min. bei mittlerer bis starker Hitze anbraten. Dann die Hälfte der Eiermasse daraufgießen und bei mittlerer Hitze in ca. 5 Min. stocken lassen.

3 Inzwischen den Backofen auf 80° vorheizen. Den Mozzarella und die getrockneten Tomaten abtropfen lassen und klein würfeln. Sobald das Ei fast komplett gestockt ist, 5 Scheiben Parmaschinken auf dem Omelett verteilen. Die Hälfte der Mozzarella- und Tomatenwürfel aufstreuen und 1 EL Pesto darüberträufeln. Das Omelett zusammenklappen und zugedeckt auf der ausgeschalteten Herdplatte ca. 5 Min. stehen lassen. Omelett aus der Pfanne heben und im Ofen warm halten. Auf die gleiche Weise ein zweites Omelett backen.

4 Inzwischen den Rucola verlesen, waschen und trocken schleudern. Die Omeletts halbieren und jede Hälfte auf einen Teller legen. Den Rucola darum herum verteilen und mit Crema di balsamico besprenkeln.

Für 4 Personen • 25 Min. Zubereitung • Pro Portion ca. 115 kcal, 18 g E, 3 g F, 3 g KH

ASIASUPPE PHO-STYLE

AUS VIETNAM

1 Stück frischer Ingwer
  (3 cm lang)
1 rote Chilischote
2 Sternanis
1 Zimtstange
300 g Rinderfilet
4 Frühlingszwiebeln
1 Zucchino
1 Handvoll Sprossen
Salz
½ Limette

AUSSERDEM
Spiralschneider

1 Ingwer schälen und in Scheiben schneiden. Chili waschen, zwei Drittel in grobe Stücke schneiden, den Rest entkernen und fein würfeln. Ingwer, Chilistücke, Sternanis und Zimt in einen großen Topf geben. 1,4 l Wasser dazugießen und aufkochen. Die Brühe offen 20 Min. bei mittlerer Hitze köcheln lassen.

2 Inzwischen das Filet in hauchdünne Scheiben schneiden. Frühlingszwiebeln putzen, waschen und in Ringe schneiden. Zucchino putzen, waschen und mit dem Spiralschneider in lange Streifen schneiden. Sprossen abbrausen und abtropfen lassen.

3 Brühe abseihen, auffangen und zurück in den Topf geben, kräftig salzen und erneut aufkochen. Fleisch, Frühlingszwiebeln, Zucchininudeln, Sprossen und Chiliwürfel auf vier vorgewärmte Schalen verteilen. Mit der Brühe übergießen und zugedeckt 3–4 Min. ziehen lassen. Mit je 1 Spritzer Limettensaft abschmecken und servieren.

Für 4 Personen • 20 Min. Zubereitung • Pro Portion ca. 630 kcal, 13 g E, 22 g F, 15 g KH

VEGGIE-KOKOSSUPPE 🌿

EINFACH

1 Dose Kokosmilch (400 g)
1 ½ EL rote Currypaste
800 g TK-Asia-Gemüse
  (ungewürzt)
800 ml Gemüsebrühe
½ Limette
4 EL Sojasauce
Salz

1 3 EL von der dicken Creme auf der Kokosmilch in einen großen Topf geben, erhitzen und 2–3 Min. köcheln lassen. Dann 1 EL Currypaste dazugeben und 2 Min. bei mittlerer Hitze darin anbraten. In der Kokoscreme bilden sich beim Braten kleine Löcher. Wenn sich deren Ränder in der Farbe der Currypaste verfärben, hat sich das maximale Aroma der Gewürze entfaltet.

2 Das gefrorene Gemüse in den Topf geben und 2 Min. mitbraten. Die Gemüsebrühe angießen. Die Suppe aufkochen und zugedeckt bei mittlerer Hitze 5 Min. köcheln lassen. Inzwischen die Limettenhälfte auspressen. Nach der Garzeit die restliche Kokosmilch dazugeben. Die Suppe erneut erhitzen, aber nicht mehr kochen lassen, dann mit Limettensaft, Sojasauce, Salz sowie nach Belieben der restlichen Currypaste abschmecken. Die Suppe auf vier Schalen verteilen und sofort servieren.

VEGGIE-YUMMIES

Für 4 Personen • 40 Min. Zubereitung • Pro Portion ca. 620 kcal, 27 g E, 53 g F, 9 g KH

OFENKÄSE MIT BIRNENSENF UND BUNTEM GEMÜSE ◖

FRÜHLINGS-REZEPT

FÜR DEN BIRNENSENF

1 Birne
1 TL Rapsöl
½ TL Senfsamen
½ EL Aceto balsamico bianco
50 ml Apfelsaft
1 EL mittelscharfer Senf
Salz, Pfeffer

FÜR DAS GEMÜSE

2 Kohlrabi
2 Brokkoli
2 lila Möhren
Salz

FÜR DEN OFENKÄSE

2 Pck. Ofenkäse (je 320 g)
Pfeffer

GUT ZU WISSEN

Vom Birnensenf braucht man pro Portion nur etwa 3 EL – der Rest schmeckt fantastisch zu einer kalten Käseplatte und Nüssen. Luftdicht verschlossen hält er sich im Kühlschrank ca. 1 Woche.

BIRNENSENF: Den Backofen auf 200° vorheizen. Die Birne vierteln, schälen, vom Kerngehäuse befreien und in kleine Stücke schneiden. Das Öl in einem kleinen Topf erhitzen und die Senfsamen darin anbraten, bis sie zu springen beginnen. Birne, Essig, Apfelsaft und Senf dazugeben und alles zugedeckt bei mittlerer bis großer Hitze 8 Min. köcheln lassen, bis die Birnenstücke weich sind.

GEMÜSE: Inzwischen die Kohlrabi schälen und in 2 cm große Würfel schneiden. Brokkoli waschen und in Röschen teilen. Die dicken Stiele schälen und ebenfalls in 2 cm große Würfel schneiden. Die Möhren putzen, schälen und in 1 cm dicke Scheiben schneiden.

OFENKÄSE: Den Ofenkäse im heißen Ofen (Mitte) nach Packungsangabe zubereiten.

FERTIGSTELLEN: Inzwischen in einem großen Topf ca. 2 l Salzwasser zum Kochen bringen und das Gemüse darin in ca. 8 Min. bei mittlerer Hitze bissfest garen. Das Gemüse in ein Sieb abgießen und warm halten, bis der Käse fertig ist. Den Birnensenf pürieren und mit Salz und Pfeffer abschmecken. Den fertigen Ofenkäse mit Pfeffer bestreuen und mit Senf und Gemüse anrichten.

Für 4 Personen • 20 Min. Zubereitung • 25 Min. Grillen • Pro Portion ca. 450 kcal, 18 g E, 36 g F, 10 g KH

OFENGEMÜSE MIT DIP 🍃

FÜRS BÜFETT

1 Aubergine
2 Zucchini
3 rote Paprika
1 Zwiebel
300 g Champignons
Salz, Pfeffer
2 TL getrockneter Thymian
6 EL Olivenöl
300 g Ziegenfrischkäse
6 getrocknete Tomaten (in Öl)
2 EL Aceto balsamico

1 Den Backofengrill vorheizen. Die Aubergine und die Zucchini waschen, putzen, längs vierteln und dann quer in ca. 3 cm breite Stücke schneiden. Paprika halbieren, weiße Trennwände und Kerne entfernen, die Hälften waschen und in ca. 5 cm große Stücke schneiden. Zwiebel schälen und in dünne Spalten schneiden. Pilze trocken abreiben und halbieren. Das Gemüse auf einem Backblech mit Salz, Pfeffer, 1 TL Thymian und Olivenöl mischen und im heißen Ofen (2. Schiene von oben) ca. 25 Min. grillen.

2 Inzwischen den Ziegenfrischkäse in eine Schüssel geben. Getrocknete Tomaten abtropfen lassen und klein würfeln. Tomaten und restlichen Thymian unter den Frischkäse rühren und den Dip mit Salz und Pfeffer abschmecken.

3 Das fertige Ofengemüse mit Aceto balsamico, Salz und Pfeffer abschmecken und lauwarm oder kalt mit dem Dip servieren.

Für 4 Personen • 35 Min. Zubereitung • Pro Portion ca. 180 kcal, 8 g E, 11 g F, 11 g KH

AUBERGINEN-PILZ-CURRY

EINFACH

2 Auberginen
600 g Champignons
1 Zwiebel
3 EL Rapsöl
1 TL Bockshornklee
3 TL Garam Masala (indische
   Gewürzmischung)
2 Dosen stückige Tomaten
   (à 400 g)
4 Stängel Koriandergrün
Salz, Pfeffer
2 gehäufte EL Sahnejoghurt

1 Auberginen waschen, putzen und in 2 cm große Würfel schneiden. Die Pilze trocken abreiben und nach Belieben vierteln oder in Scheiben schneiden. Die Zwiebel schälen und würfeln.

2 Das Öl in einer Pfanne erhitzen und Bockshornklee und 2 TL Garam Masala ca. 1 Min. darin anbraten. Die Zwiebel dazugeben und 1 Min. mitbraten. Dann Auberginen und Champignons hinzufügen und bei großer Hitze 5–8 Min. anbraten. Die Tomaten dazugeben, das Curry zum Kochen bringen und 10 Min. bei schwacher Hitze zugedeckt köcheln lassen.

3 Inzwischen das Koriandergrün waschen, trocken schütteln und samt der zarten Stängel hacken. Das Curry mit dem restlichen Garam Masala, Salz und Pfeffer abschmecken, auf vier Schalen verteilen, mit Joghurt toppen und mit Koriander bestreut servieren.

1

2

3

TOPISOTTO MIT GEBRATENEN PILZEN UND POCHIERTEM EI 🌿

FÜR GÄSTE

4

5

6

Für 4 Personen • 55 Min. Zubereitung • Pro Portion ca. 415 kcal, 21 g E, 30 g F, 9 g KH

FÜR DAS TOPISOTTO

900 g Topinamburen
1 Zwiebel
3 EL Butter
100 ml Weißwein
600 ml Gemüsebrühe
60 g Parmesan
Salz, Pfeffer

FÜR DIE PILZE

600 g Champignons (ersatzweise
*   Pfifferlinge oder Steinpilze)*
4 Zweige Thymian
3 EL Butter
Salz, Pfeffer

FÜR DIE POCHIERTEN EIER

3 EL Weißweinessig
4 Eier
Salz

TOPISOTTO: Topinamburen schälen und im Blitzhacker in reiskorngroße Stückchen hacken (Bild 1). Zwiebel schälen und klein würfeln. 1 EL Butter in einem Topf erhitzen und beide Gemüse 2 Min. andünsten, mit Wein ablöschen und diesen einkochen lassen. Anschließend portionsweise die Brühe angießen und unter Rühren offen einkochen lassen. Wiederholen, bis das Topisotto weich, aber noch bissfest ist (Bild 2). Das dauert ca. 20 Min.

PILZE: Inzwischen die Pilze trocken abreiben und in Scheiben schneiden. Den Thymian waschen, trocken schütteln und die Blättchen von 2 Zweigen abstreifen. Die restlichen Zweige halbieren. Butter in einer Pfanne erhitzen und die Pilze darin bei großer Hitze 3–4 Min. anbraten, mit Salz, Pfeffer und Thymianblättchen würzen. Warm halten.

POCHIERTE EIER: In einem Topf 2 l Wasser mit Essig knapp zum Sieden bringen. 1 Ei in eine Tasse aufschlagen (Bild 3). Mit einem Kochlöffel im Topf einen Strudel erzeugen (Bild 4), das Ei hineingleiten lassen (Bild 5) und bei mittlerer Hitze in 3–4 Min. garen. Herausheben und in warmem Salzwasser warm halten. Restliche Eier genauso zubereiten.

FERTIGSTELLEN: 30 g Parmesan reiben, den Rest grob hobeln. Geriebenen Parmesan und übrige Butter unter das Topisotto rühren, salzen und pfeffern. Topisotto auf vier Teller verteilen, Pilze und Parmesanspäne daraufgeben. Eier mittig daraufsetzen und mit Thymianzweigen garnieren (Bild 6).

PIZZA MIT AUBERGINEN, HARISSA UND FETA 🍃

EINFACH

600 g mittelalter Gouda
6 Eier
4 EL Flohsamenschalen
2 Auberginen (ca. 600 g)
Salz
2 Knoblauchzehen
1 Dose stückige Tomaten (400 g)
Pfeffer
4 EL Olivenöl
200 g Schafskäse (Feta)
1 TL Harissa (orientalische
    Gewürzpaste)

TAUSCH-TIPP

Der Belag auf der Tomatensauce lässt sich nach Gusto
variieren, zum Beispiel mit
125 g gewürfeltem Mozza-
rella, 145 g Thunfisch aus
der Dose, 1 kleinen geschäl-
ten und in feine Ringe ge-
schnittenen Zwiebel und
2 TL Thymian.

1 Den Backofen auf 220° vorheizen. Zwei Backbleche mit Backpapier belegen. Den Käse fein reiben und mit Eiern und Flohsamenschalen in einer Schüssel vermengen. Jeweils die Hälfte der Käsemasse mittig auf ein Backblech geben und mit einem angefeuchteten Löffelrücken gleichmäßig zu einem Kreis von 25 cm Ø verstreichen. Die Böden nacheinander im heißen Ofen (2. Schiene von oben) ca. 10 Min. backen, bis die Ränder leicht gebräunt sind.

2 Inzwischen die Auberginen waschen, putzen, längs halbieren und in ca. 1 cm dicke Halbkreise schneiden. Auberginen salzen und 5 Min. ruhen lassen. Knoblauch schälen und in dünne Scheiben schneiden. Tomaten und Knoblauch in einer Schüssel verrühren und mit Salz und Pfeffer würzen.

3 1 EL Öl in einer großen Pfanne erhitzen. Auberginen trocken tupfen und die Hälfte im heißen Öl bei mittlerer bis großer Hitze ca. 3 Min. pro Seite anbraten. Aus der Pfanne nehmen und beiseitestellen. Restliche Auberginen genauso braten.

4 Schafskäse zerbröckeln. Restliches Öl und Harissa in einem Schälchen mischen. Jeweils die Hälfte der Tomatensauce auf den gebackenen Pizzaböden verstreichen. Auberginenscheiben darauf verteilen. Schafskäse darüberstreuen und mit Harissaöl beträufeln. Die Pizzas nacheinander im Ofen (Mitte) in 10 Min. fertig backen.

Für 4 Personen • 35 Min. Zubereitung • Pro Portion ca. 700 kcal, 18 g E, 62 g F, 17 g KH

GEMÜSE-TAGLIATELLE 🍃

BALLASTSTOFFREICH

2 Stangen Lauch (ca. 500 g)
4 dicke Möhren (ca. 1 kg)
4 EL Walnusskerne
300 g Sahne
200 g Gorgonzola
Salz, Pfeffer
3 EL Butter

AUSSERDEM
Sparschäler

1 Lauch putzen, längs halbieren, waschen und die Hälften längs in bandnudelähnliche Streifen schneiden. Möhren putzen, schälen und mit dem Sparschäler ebenfalls zu »Bandnudeln« schneiden. Walnüsse grob hacken und beiseitestellen.

2 Sahne in einem Topf aufkochen. Gorgonzola würfeln. Die Hitze reduzieren, den Gorgonzola in die Sahne geben und schmelzen lassen, dabei gelegentlich umrühren. Die Sauce nicht mehr kochen lassen und mit Salz und Pfeffer abschmecken.

3 Die Nüsse in einer großen Pfanne oder einem Wok anrösten, herausnehmen und beiseitestellen. Die Butter in derselben Pfanne erhitzen und die Gemüsenudeln darin mit 5 EL Wasser bei mittlerer Hitze zugedeckt 5–8 Min. dünsten, bis sie bissfest sind. Die Nudeln salzen und pfeffern und auf vier Tellern anrichten. Die Sauce darauf verteilen und die Pasta mit Walnüssen bestreut servieren.

Für 4 Personen • 35 Min. Zubereitung • Pro Portion ca. 705 kcal, 18 g E, 67 g F, 8 g KH

ZUCCHINI-SPAGHETTI 🌿

FÜR GÄSTE

4 EL Haselnusskerne
1 Bund glatte Petersilie
1 Knoblauchzehe
50 g Parmesan
200 ml Rapsöl
Salz, Pfeffer
4 mittelgroße Zucchini
600 g Steinpilze

AUSSERDEM
Spiralschneider

1 Nüsse in einer Pfanne anrösten. Petersilie waschen, trocken schütteln und die Blättchen abzupfen. Knoblauch schälen und klein schneiden. Parmesan reiben. Petersilie, Knoblauch, Parmesan (bis auf 4 EL), Nüsse, 100 ml Öl, Salz und Pfeffer pürieren. Ist das Pesto nicht cremig genug, 20 ml Öl untermischen.

2 Zucchini waschen, putzen und mit dem Spiralschneider zu »Spaghetti« schneiden. Pilze putzen und in mundgerechte Stücke schneiden. 2 EL Öl im Wok erhitzen und die Pilze darin bei großer Hitze anbraten, bis alle Flüssigkeit verdampft ist. Pilze salzen und pfeffern, aus dem Wok nehmen und zugedeckt beiseitestellen.

3 Das restliche Öl im Wok erhitzen. Zucchini und Pesto darin unter Rühren 3–4 Min. bei mittlerer Hitze braten, salzen, pfeffern und auf vier Tellern anrichten. Pilze daraufgeben und die Spaghetti mit restlichem Parmesan bestreut servieren.

RATATOUILLE AUS DEM OFEN MIT FETA ◖

GUT VORZUBEREITEN

1 Knolle Fenchel (ca. 300 g)
1 Zucchino (ca. 300 g)
2 gelbe Paprika
1 Zwiebel
2 Zweige Rosmarin
2 EL Tomatenmark
1 Dose stückige Tomaten (400 g)
60 g schwarze Oliven
3 EL Olivenöl
Salz, Pfeffer
200 g Schafskäse (Feta)

AUSSERDEM
Auflaufform mit Deckel
   (ca. 25 × 30 cm)

1 Den Backofen auf 200° vorheizen. Den Fenchel putzen, längs halbieren, vom Strunk befreien und waschen. Die Knolle in 2 cm große Würfel schneiden. Zucchino waschen, putzen, längs vierteln und quer in 1 cm dicke Scheiben schneiden. Paprika halbieren, weiße Trennwände und Kerne entfernen, die Hälften waschen und 2 cm groß würfeln. Die Zwiebel schälen und würfeln. Rosmarin waschen und trocken schütteln. Von 1 Zweig die Nadeln abzupfen und hacken. Den übrigen Zweig in vier Stücke schneiden.

2 Das Gemüse in die Auflaufform geben. Tomatenmark, Tomaten, Oliven, gehackte Rosmarinnadeln, 2 EL Olivenöl sowie Salz und Pfeffer dazugeben und alles kräftig durchmischen. Das Ratatouille zugedeckt im heißen Ofen (Mitte) 45 Min. garen. Inzwischen den Schafskäse in vier Stücke schneiden.

3 Nach der Garzeit das Ratatouille aus dem Ofen nehmen und mit Salz und Pfeffer abschmecken. Dann die Fetastücke auf dem Gemüse verteilen und jeweils ein Stück Rosmarin darauflegen. Den Käse mit dem restlichen Öl beträufeln und alles im heißen Ofen (Mitte) weitere 15 Min. offen backen. Das Ratatouille auf vier tiefe Teller verteilen und die Fetastücke obenauf setzen. Sofort servieren.

LOW-CARB-VEGGIE-CHEESEBURGER 🌿

FÜR GÄSTE

FÜR DIE BURGER-BUNS

4 Eier
Salz
100 g Magerquark
1 EL heller Sesam

FÜR DEN BELAG

4 Riesenchampignons
2 EL Rapsöl
Salz, Pfeffer
1 große Tomate
4 Salatblätter (z. B. Eichblattsalat)
3 Frühlingszwiebeln
4 Scheiben Bergkäse (ca. 100 g)
1 TL Mayonnaise (ersatzweise
*   Senf)*

BURGER-BUNS: Den Backofen auf 180° vorheizen. Ein Blech mit Backpapier belegen. Eier trennen. Eiweiße mit 1 Prise Salz steif schlagen. Quark mit Eigelben und ½ TL Salz glatt rühren. Eischnee unterziehen (Bild 1). Die Masse als acht Häufchen mit genügend Abstand auf das Blech setzen (Bild 2). Buns mit Sesam bestreuen und im heißen Ofen (Mitte) in ca. 20 Min. goldbraun backen. Beim Auskühlen fallen die Buns zu Fladen zusammen (Bild 3).

BELAG: Die Pilze trocken abreiben und die Stiele plan abschneiden (Bild 4). Das Öl in einer Pfanne erhitzen und die Pilzkappen darin bei mittlerer bis großer Hitze 3 Min. pro Seite anbraten, salzen und pfeffern. Den Deckel auflegen und die Pilze bei mittlerer Hitze ca. 10 Min. weitergaren, dabei öfter wenden. Inzwischen die Tomate waschen, vom Stielansatz befreien und in acht Scheiben schneiden. Salat waschen, trocken tupfen und dicke Stiele entfernen. Frühlingszwiebeln putzen, waschen und in Ringe schneiden.

FERTIGSTELLEN: Die Herdplatte mit der Pilzpfanne ausschalten. Auf jede Pilzkappe 1 Scheibe Käse legen (Bild 5), den Pfannendeckel auflegen und den Käse anschmelzen lassen. 4 Buns auf Tellern verteilen und mit je 1 TL Mayonnaise bestreichen. Je 1 Salatblatt, 2 Tomatenscheiben und 1 Pilzkappe darauflegen. Die Frühlingszwiebelringe darüberstreuen, die restlichen Buns als Deckel auflegen und die fertigen Burger servieren (Bild 6).

FEELGOODS MIT FLEISCH UND FISCH

SÜSSKARTOFFEL-CLUB-SANDWICH

FÜRS BÜFETT

*1 große, möglichst gerade Süßkar-
toffel (ca. 600 g)*
3 EL Olivenöl
Salz
100 g Schmand
½ TL geräuchertes Paprikapulver
2 TL Honig (nach Belieben)
Pfeffer
1 Avocado
400 g Hähnchenbrustfilets
4 Salatblätter (z. B. Eichblattsalat)
1 Tomate
2 Frühlingszwiebeln

AUSSERDEM
4 lange Holz-Schaschlikspieße

1 Den Backofen auf 220° vorheizen. Süßkartoffel schälen, quer halbieren und jede Hälfte längs in sechs 1 cm breite Scheiben schneiden. Die Scheiben auf beiden Seiten mit 1 EL Olivenöl bepinseln, auf ein Blech legen und im heißen Ofen (Mitte) in 10–15 Min. weich garen. Salzen und warm halten.

2 Inzwischen in einer Schüssel Schmand, Paprikapulver und nach Belieben Honig verrühren. Die Sauce mit Salz und Pfeffer abschmecken. Die Avocado halbieren und den Kern entfernen. Das Fruchtfleisch mit einem Löffel aus den Schalen lösen, klein würfeln und unter den Schmand heben.

3 Die Filets trocken tupfen und in dünne Scheiben schneiden. Das restliche Öl in einer Pfanne erhitzen und das Fleisch darin ca. 4 Min. pro Seite anbraten, salzen und pfeffern.

4 Salatblätter waschen, trocken tupfen und dicke Stiele entfernen. Die Tomate waschen, vom Stielansatz befreien und in acht dünne Scheiben schneiden. Frühlingszwiebeln putzen, waschen und in dünne Ringe schneiden.

5 4 Süßkartoffelscheiben mit je 1 Salatblatt, 2 Tomaten- scheiben und der Hälfte des Fleischs belegen. 4 weitere Süßkartoffelscheiben auflegen. Avocadoschmand und restliche Hähnchenstreifen darauf verteilen, mit Frühlingszwiebelringen bestreuen und die übrigen Süßkartoffelscheiben obenauf legen. Die Club-Sandwiches pfeffern, mit Holzspießen fixieren und am besten warm servieren.

GU
CLOU

Wer das Sandwich für nur zwei oder eine Person zubereiten möchte, der kann die Süßkartoffel-scheiben auch im Toaster rösten. Die Scheiben dazu ungeölt in die Schlitze des Toasters stecken und auf höchster Stufe zwei- bis dreimal toasten, bis sie weich sind.

Für 4 Personen • 55 Min. Zubereitung • Pro Portion ca. 1010 kcal, 45 g E, 88 g F, 9 g KH

SCHNITZEL MIT SCHWARZWURZEL-POMMES UND MAYO

WINTER-REZEPT

FÜR DIE MAYO

1 zimmerwarmes Eigelb
1 ½ EL Weißweinessig
Salz
125 ml Rapsöl
25 ml Kürbiskernöl
Pfeffer

FÜR DIE POMMES

1 kg Schwarzwurzeln
1 l Rapsöl (hocherhitzbar)
Salz

FÜR DIE SCHNITZEL

4 dünne Schweineschnitzel
   (aus der Oberschale)
Salz, Pfeffer
175 g Kürbiskerne
2 Eier
8 EL Rapsöl

MAYO: Eigelb, 1 EL Essig und 1 Prise Salz in einen hohen Rührbecher geben und mit einem Pürierstab durchmixen. Rapsöl unter ständigem Mixen zunächst tröpfchenweise, dann in dünnem Strahl dazugießen. Zum Schluss Kürbiskernöl untermixen, bis eine standfeste Mayonnaise entstanden ist. Diese mit Salz, Pfeffer und Essig abschmecken.

POMMES: Schwarzwurzeln waschen, schälen (Einmalhandschuhe tragen!) und zu Pommes schneiden. Öl in einen hohen, breiten Topf füllen und die Schwarzwurzeln hineingeben. Den Topf auf die Herdplatte stellen, alles stark erhitzen und die Pommes in ca. 25 Min. goldbraun braten, dabei immer wieder umrühren.

SCHNITZEL: Inzwischen die Schnitzel trocken tupfen, halbieren, salzen und pfeffern. Kürbiskerne im Blitzhacker fein mahlen und auf einen flachen Teller geben. Eier in einen tiefen Teller aufschlagen, salzen, pfeffern und verquirlen. Schnitzel zuerst im Ei, dann in den Kürbiskernen wenden, sodass sie rundum paniert sind. 4 EL Öl in einer großen Pfanne stark erhitzen und vier Schnitzel darin in 3 Min. pro Seite goldbraun braten. Aus der Pfanne heben und warm stellen. Die restlichen Schnitzel genauso braten.

FERTIGSTELLEN: Die fertigen Pommes mit einem Schaumlöffel aus dem Topf heben, auf Küchenpapier entfetten und salzen. Schnitzel, Schwarzwurzelpommes und Mayo auf vier Tellern anrichten und servieren.

Für 4 Personen • 35 Min. Zubereitung • Pro Portion ca. 800 kcal, 41 g E, 65 g F, 11 g KH

BRATWÜRSTE MIT ROSENKOHL-PÜREE UND MAJORANZWIEBELN

HERBST-REZEPT

900 g Rosenkohl
Salz
75 g Butter
75 g Sahne
2 Zwiebeln
2 EL Rapsöl
8 rohe Rostbratwürste (ersatzweise
    Salsiccie)
1 TL Honig
2 EL Aceto balsamico
Pfeffer
1 ½ TL getrockneter Majoran

TAUSCH-TIPP
Statt mit Rosenkohl kann das
Püree auf die gleiche Weise
auch mit gegartem Brokkoli,
Blumenkohl oder Wirsing zu-
bereitet werden.

1 Rosenkohlröschen waschen, putzen und je nach Größe halbieren oder vierteln. In einem großen Topf reichlich Salzwasser
zum Kochen bringen und den Rosenkohl darin zugedeckt bei
mittlerer Hitze in ca. 10 Min. garen. Butter und Sahne in einem
kleinen Topf sanft erhitzen.

2 Inzwischen den Backofen auf 80° vorheizen. Die Zwiebeln
schälen, längs halbieren und quer in Halbringe schneiden. Das
Öl in einer großen Pfanne erhitzen und die Würste darin bei
mittlerer bis großer Hitze rundherum knusprig braun braten.
Die Bratwürste aus der Pfanne nehmen, auf einen Teller legen
und im Ofen warm halten.

3 Die Zwiebeln ins Bratfett geben und 2 Min. anbraten. Den
Honig dazugeben, kurz mitbraten, dann die Zwiebeln mit
Aceto balsamico ablöschen. 150 ml Wasser dazugießen. Die
Zwiebeln mit Salz, Pfeffer und 1 TL Majoran würzen und bei
mittlerer Hitze köcheln lassen, bis die Flüssigkeit fast vollstän-
dig verkocht ist und die Zwiebeln weich sind.

4 Den Rosenkohl in ein Sieb abgießen und zurück in den Topf
geben. Sahne-Butter-Mischung, Salz und Pfeffer dazugeben
und das Gemüse mit dem Pürierstab sämig pürieren. Das Püree nochmals mit Salz und Pfeffer abschmecken. Die Zwiebeln
mit Salz, Pfeffer und dem restlichen Majoran abschmecken.

5 Püree und Bratwürste auf vier Tellern anrichten, die Zwiebeln darauf oder daneben platzieren und genießen.

Für 4 Personen • 15 Min. Zubereitung • 2 Std. 30 Min. Schmoren • Pro Portion ca. 535 kcal, 54 g E, 28 g F, 8 g KH

RINDERRAGOUT MIT ROTER BETE

GUT VORZUBEREITEN

1 Rote Bete (200 g)
2 Zwiebeln
4 Kardamomkapseln
1 kg Rindergulasch
1 EL Tomatenmark
2 TL gemahlener Koriander
2 TL Zimtpulver
3 EL Olivenöl
100 ml trockener Rotwein
Salz, Pfeffer
2 EL Schmand (nach Belieben)

1 Den Backofen auf 180° vorheizen. Die Rote Bete putzen, schälen (Einmalhandschuhe tragen!) und in 1–2 cm große Würfel schneiden. Zwiebeln schälen und klein würfeln. Kardamomkapseln anquetschen, die Samen herauslösen und im Mörser zerstoßen.

2 Gulasch, Rote Bete, Zwiebeln, Kardamom, Tomatenmark, je 1 TL Koriander und Zimt, das Olivenöl und den Rotwein in einen ausreichend großen Topf geben. Den Topfinhalt kräftig salzen und pfeffern, 50 ml Wasser dazugeben und alles gut vermischen. Den Deckel auflegen und das Ragout im heißen Ofen (Mitte) zugedeckt mindestens 2 Std. 30 Min. schmoren. Dabei immer wieder umrühren.

3 Wenn das Fleisch weich ist, das Ragout aus dem Ofen nehmen und nochmals mit Salz, Pfeffer, dem restlichen Koriander und Zimt abschmecken. Ragout auf vier tiefe Teller verteilen und nach Belieben mit einem Klecks Schmand servieren.

Für 4 Personen • 30 Min. Zubereitung • Pro Portion ca. 485 kcal, 18 g E, 44 g F, 4 g KH

KÄSE-LAUCH-SUPPE MIT SPECK

EINFACH

2 dicke Stangen Lauch
200 g durchwachsener
Räucherspeck in dünnen
Scheiben
2 EL Butter
100 g würziger Bergkäse
¼ Bund Petersilie
200 g Sahne
Salz, Pfeffer

1 Lauch putzen, längs aufschneiden und waschen. Die Stangen in 1 cm dicke Scheiben schneiden. Den Speck in Streifen schneiden.

2 Butter in einem großen Topf erhitzen und den Speck darin 3 Min. bei großer Hitze auslassen. Die Temperatur reduzieren, Lauch dazugeben und 2 Min. unter Rühren mitbraten. 750 ml Wasser angießen und aufkochen. Den Topfinhalt zugedeckt bei kleiner bis mittlerer Hitze 10 Min. köcheln lassen.

3 Inzwischen den Bergkäse fein reiben. Die Petersilie waschen, trocken schütteln, die Blättchen abzupfen und fein hacken.

4 Sahne und Käse in die Suppe geben und den Käse unter häufigem Rühren schmelzen lassen, dabei sollte die Suppe nicht mehr aufkochen. Petersilie unterrühren, die Suppe mit Salz und Pfeffer abschmecken, auf vier tiefe Teller verteilen und servieren.

ROSMARIN-FORELLEN AUF TOMATEN

SOMMER-REZEPT

FÜR DIE FORELLEN

4 küchenfertige Forellen
6 Zweige Rosmarin
2 Knoblauchzehen
Salz, Pfeffer
2 EL Olivenöl

FÜR DIE TOMATEN

10 Tomaten
2 Zweige Rosmarin
Salz, Pfeffer
2 EL Olivenöl

AUSSERDEM

Auflaufform (ca. 25 × 30 cm)

MEHR DARAUS MACHEN

Mischen Sie unter die Tomaten in der Auflaufform noch 1 Glas eingelegte, abgetropfte Artischockenherzen und 4 in Streifen geschnittene getrocknete Tomaten, bevor Sie die Fische darauflegen.

FORELLEN: Den Backofen auf 220° vorheizen. Die Forellen kalt abspülen und trocken tupfen. Rosmarin waschen und trocken schütteln. Von 2 Zweigen die Nadeln abzupfen und hacken. Knoblauch schälen und durch die Presse drücken. Gehackten Rosmarin, Knoblauch, Salz, Pfeffer und Olivenöl in einem Schälchen verrühren. Die Forellen mit der Mischung außen und innen gründlich einreiben. In jeden Forellenbauch 1 Zweig Rosmarin stecken.

TOMATEN: Die Tomaten waschen, von Stielansätzen befreien und würfeln. Rosmarin waschen und trocken schütteln, die Nadeln abzupfen und hacken. Tomaten, Rosmarin, Salz, Pfeffer und Olivenöl in der Auflaufform mischen.

FERTIGSTELLEN: Die Forellen auf die Tomaten legen und im heißen Ofen (Mitte) in 20 Min. garen, bis sie leicht gebräunt sind. Die Forellen mit den Tomaten auf vier Tellern anrichten und servieren.

Für 4 Personen • 35 Min. Zubereitung • 35 Min. Backen • Pro Portion ca. 520 kcal, 52 g E, 29 g F, 11 g KH

WIRSING-FISCH-LASAGNE

EINFACH

Salz
400 g Wirsing (große Blätter)
1 Zwiebel
4 EL Olivenöl
2 Dosen stückige Tomaten
   (à 400 g)
Pfeffer
2 TL getrockneter Oregano
50 g Parmesan
800 g Rotbarschfilets in 10 dünnen
   Stücken
250 g Ricotta

AUSSERDEM
Auflaufform (ca. 20 × 30 cm)

GUT ZU WISSEN
Roher Fisch und Kohl ziehen
beim Garen viel Flüssigkeit.
Darum sollten Sie beides vor
dem Einschichten gut trocken
tupfen. Den Kohl nach dem
Blanchieren am besten auf
einer Lage Küchenpapier aus-
breiten, mit Küchenpapier
bedecken und trocknen.

1 2 l Salzwasser in einem Topf aufkochen. Wirsingblätter längs halbieren und die dicken Strünke herausschneiden. Die Blätter 5 Min. blanchieren, abgießen und abtropfen lassen.

2 Die Zwiebel schälen und fein würfeln. 2 EL Öl in einem Topf erhitzen und die Zwiebel darin 2 Min. andünsten. Tomaten dazugeben und mit Salz, Pfeffer und Oregano würzen. Die Sauce aufkochen und 10 Min. offen bei mittlerer Hitze köcheln lassen.

3 Inzwischen den Parmesan reiben. Den Backofen auf 180° vorheizen. Den Fisch kalt abspülen, gut trocken tupfen, salzen und pfeffern. Wirsingblätter ebenfalls gut trocken tupfen.

4 Die Tomatensauce mit Salz und Pfeffer abschmecken. Eine kleine Kelle davon am Boden der Form verteilen. Ein Drittel der Wirsingblätter darauf auslegen, ein Drittel der verbliebenen Sauce darauf verstreichen. Die Hälfte des Fischs und dann ein weiteres Drittel Wirsingblätter darauf verteilen. Dann ein Drittel Sauce, restlichen Fisch und übrigen Wirsing einschichten. Mit der restlichen Sauce übergießen. Ricotta darauf verstreichen, Parmesan darüberstreuen.

5 Die Lasagne mit dem restlichen Öl beträufeln, im heißen Ofen (Mitte) in 35 Min. goldbraun überbacken, dann herausnehmen und 10 Min. ruhen lassen. Lasagne in vier Stücke schneiden, auf Tellern anrichten und mit der Sauce, die sich beim Backen gebildet hat, übergießen.

LACHS MIT RAS-EL-HANOUT-SCHAUM UND SPINAT

FÜR GÄSTE

FÜR DEN FISCH

1 Zwiebel
1 EL Olivenöl
1 TL Tomatenmark
1 ½ TL Ras el Hanout (orientalische Gewürzmischung)
150 ml trockener Weißwein (z. B. Chardonnay)
Salz, Pfeffer
800 g Lachsfilet mit Haut
3 EL Cashewkerne (geröstet und gesalzen; ersatzweise Mandelstifte)
100 g Sahne

FÜR DEN SPINAT

1 kg frischer Blattspinat
2 Knoblauchzehen
1 EL Olivenöl
Salz, Pfeffer

FISCH: Zwiebel schälen und würfeln. Öl in einer breiten Pfanne erhitzen und die Zwiebel darin 2 Min. bei mittlerer Hitze anbraten. Tomatenmark und 1 TL Ras el Hanout 1 Min. mitbraten. Mit Wein ablöschen (Bild 1) und diesen 2 Min. einköcheln lassen. 350 ml Wasser angießen, alles salzen und pfeffern und offen bei niedriger Hitze ca. 5 Min. köcheln lassen. Den Lachs vierteln, salzen und pfeffern (Bild 2). Sud abseihen, auffangen und zurück in die Pfanne geben. Erneut aufkochen, dann den Herd ausschalten. Den Fisch in den Sud legen und zugedeckt ohne Hitzezufuhr in ca. 13 Min. gar ziehen lassen (Bild 3). Nach 6 Min. wenden.

SPINAT: Inzwischen den Spinat verlesen, putzen, kleiner zupfen, waschen und abtropfen lassen. Knoblauch schälen und fein hacken. Öl in einem großen Topf erhitzen und den Knoblauch darin kurz anschwitzen. Spinat dazugeben und zugedeckt zusammenfallen lassen (Bild 4). Überschüssige Flüssigkeit abgießen und den Spinat mit Salz und Pfeffer abschmecken. Warm halten.

FERTIGSTELLEN: Cashews hacken. Den Fisch aus dem Sud heben und warm stellen. Sahne zum Sud geben, die Sauce aufkochen und dann in einem Mixbecher schaumig aufmixen (Bild 5). Mit Salz, Pfeffer und dem restlichen Ras el Hanout abschmecken. Spinat, Fisch und Schaum auf vier Tellern anrichten und mit Cashews bestreut servieren (Bild 6).

THUNFISCHSTEAK MIT GUACAMOLE UND GEMÜSECHIPS

SOMMER-REZEPT

FÜR DIE GUACAMOLE

½ Limette
2 Avocados
2 Tomaten
1 Knoblauchzehe
1 kleines Bund Koriandergrün
1 EL Olivenöl
Salz, Pfeffer
Chiliflocken (nach Belieben)

FÜR DIE GEMÜSECHIPS

2 Petersilienwurzeln
4 EL Olivenöl
Salz
1 Prise geräuchertes Paprikapulver

FÜR DIE THUNFISCH-STEAKS

4 Thunfischsteaks (à 200 g)
2 EL Olivenöl
Salz, Pfeffer

GUACAMOLE: Die Limettenhälfte auspressen. Avocados halbieren und die Kerne entfernen. Das Fruchtfleisch aus den Schalen lösen, in einer Schüssel sofort mit Limettensaft beträufeln und fein zerdrücken. Tomaten waschen, halbieren, von Stielansätzen befreien und klein würfeln. Knoblauch schälen und fein hacken. Koriander waschen, trocken schütteln und die groben Stiele entfernen. Blättchen und zarte Stiele hacken. Tomaten, Knoblauch, Öl und Koriander (bis auf einen kleinen Rest) unter das Avocadomus heben. Guacamole mit Salz, Pfeffer und nach Belieben Chiliflocken abschmecken.

GEMÜSECHIPS: Die Petersilienwurzeln putzen, schälen und in 2 mm dünne Scheiben schneiden oder hobeln. Das Öl in einer Pfanne stark erhitzen und die Scheiben darin portionsweise bei großer Hitze in ca. 2 Min. knusprig ausbacken. Die Chips aus der Pfanne heben, sofort mit Salz und Paprikapulver würzen und warm stellen.

THUNFISCHSTEAKS: Die Steaks gut trocken tupfen. Das Öl in die Pfanne zum Bratfett der Chips dazugeben und alles erneut erhitzen. Die Steaks 1 Min. pro Seite scharf anbraten. Den Herd ausschalten und die Steaks noch 2–3 Min. zugedeckt nachziehen lassen.

FERTIGSTELLEN: Steaks mit Salz und Pfeffer würzen, mit restlichem Koriander bestreuen und mit Guacamole und Gemüsechips auf vier Tellern anrichten. Sofort servieren.

**GU
CLOU**

Will man Guacamole längere Zeit aufbewahren, hilft neben Zitrussaft auch der herausgelöste Avocadokern dabei, braune Verfärbungen zu vermeiden. Diesen einfach mit in die fertige Guacamole geben und bis zum Servieren kühl stellen.

SÜSSER SEELENBALSAM

SCHOKO-KOKOS-CHEESECAKE 🍃

GUT VORZUBEREITEN

FÜR DEN BODEN

125 g weiche Butter
120 g Kokosmehl
2 EL Kakaopulver
20 g Kokosblütenzucker
1 Ei (M)

FÜR DIE KÄSEMASSE

200 g Sahne
*600 g Frischkäse (Doppel-
rahmstufe)*
200 g Schmand
4 Eier (M)
100 g Kokosblütenzucker
20 g Kokosmehl

FÜR DAS TOPPING

*40 g Edelbitterschokolade
(mind. 85 % Kakaoanteil)*
*3 EL Kokoschips (ersatzweise
Kokosraspel)*

AUSSERDEM

Springform mit 26 cm ⌀

BODEN: Einen Bogen Backpapier auf den Boden der Springform legen und mit dem Rand einspannen. Den Springformrand mit 1 TL Butter fetten. Die übrigen Zutaten für den Boden in eine Rührschüssel geben und mit den Knethaken des Handrührgeräts zu einem krümeligen Teig verkneten. Die Krümel auf dem Backpapier in der Form zu einem Boden verteilen und mit den Händen andrücken. Den Boden kalt stellen, bis die Käsemasse fertig ist.

KÄSEMASSE: Den Backofen auf 160° vorheizen. Die Sahne mit den Quirlen des Handrührgeräts steif schlagen. Die übrigen Zutaten in eine Rührschüssel geben und glatt verrühren. Zum Schluss die Schlagsahne mit einem Schneebesen vorsichtig unterheben. Die Käsemasse auf den Boden gießen und den Cheesecake im heißen Ofen (unten) ca. 1 Std. 10 Min. backen, bis die Käsemasse vollständig gestockt ist.

TOPPING: Inzwischen die Schokolade mit dem Sparschäler in Späne hobeln oder klein hacken, dann mit den Kokoschips mischen. Den fertigen Kuchen aus dem Ofen holen und in der Form vollständig erkalten lassen. Anschließend den Kuchen herauslösen, auf eine Kuchenplatte setzen und mit dem Topping bestreut servieren.

Für 4 Personen • 15 Min. Zubereitung • 6 Std. Kühlen • Pro Portion ca. 445 kcal, 4 g E, 40 g F, 18 g KH

TONKA-PANNA-COTTA

FÜRS BÜFETT

500 g Sahne
2 Prisen frisch gemahlene
  Tonkabohne
60 g Kokosblütenzucker
2 ½ Blatt Gelatine
80 ml frisch gebrühter Espresso

1 Die Sahne in einen kleinen Topf geben und die Tonkabohne dazureiben. 50 g Zucker dazugeben, die Mischung zum Kochen bringen und 10 Min. bei kleiner Hitze köcheln lassen. Dabei gelegentlich umrühren. Anschließend die Sahnemischung vom Herd nehmen und etwas abkühlen lassen.

2 Inzwischen 2 Blatt Gelatine ca. 5 Min. in kaltem Wasser einweichen. Gelatine etwas ausdrücken und tropfnass in die Sahne rühren, bis sie sich vollständig aufgelöst hat. Die Sahne auf vier Gläser verteilen und 3 Std. kalt stellen.

3 Nach der Kühlzeit, wenn die Panna Cotta fest geworden ist, die restliche Gelatine in kaltem Wasser einweichen, ausdrücken und mit dem übrigen Zucker in den heißen Espresso rühren. Auf jede Panna Cotta 2 EL Espresso geben. Alles erneut für 3 Std. kalt stellen, bis auch der Kaffeespiegel geliert ist.

Für 4 Stück • 40 Min. Zubereitung • 20 Min. Backen • Pro Portion ca. 625 kcal, 17 g E, 44 g F, 40 g KH

SCHWARZWÄLDER TÖRTCHEN 🌿

FÜR GÄSTE

4 Eier (M)
Salz
70 g Kokosblütenzucker
50 g gemahlene Mandeln
50 g Buchweizenmehl
2 EL Kakaopulver
300 g Sahne
2 Prisen gemahlene Vanille
40 g Edelbitterschokolade
  (mind. 85 % Kakaoanteil)
1 Glas Sauerkirschen
  (200 g Abtropfgewicht)

AUSSERDEM
Springform mit 26 cm ⌀
4 Dessertringe mit 8 cm ⌀

1 Den Backofen auf 180° vorheizen. Backpapier auf den Boden der Springform legen und mit dem Rand einspannen. Eier trennen. Eiweiße mit 1 Prise Salz steif schlagen. 30 g Zucker unterrühren. Eigelbe und 20 g Zucker cremig schlagen, dann Mandeln, Mehl und Kakao unterrühren. Eischnee unterheben, den Teig in die Springform geben, glatt streichen und im Backofen (Mitte) 20 Min. backen.

2 Inzwischen die Sahne mit 20 g Zucker und Vanille steif schlagen. Schokolade mit dem Sparschäler in Späne hobeln oder hacken. Aus dem Teigboden mit einem Dessertring acht Kreise ausstechen. In jeden Dessertring einen Teigkreis geben, mit etwas Kirschsaft tränken und mit Kirschen belegen. Je ein Achtel der Sahne daraufschichten. Erneut einen Teigkreis auflegen und diesen mit etwas Kirschsaft tränken. Dessertringe abziehen. Törtchen mit der restlichen Sahne rundherum bestreichen. Schokolade aufstreuen.

KAISERSCHMARRN MIT KOMPOTT 🌿

FÜR KINDER

FÜR DAS KOMPOTT
2 große Birnen (ca. 600 g)
½ TL Zimtpulver

**FÜR DEN KAISER-
SCHMARRN**
6 Eier (M)
Salz
40 g Mandelmehl
60 g Kokosblütenzucker
2 EL Flohsamenschalen
100 ml Milch
100 g Sahne
6 EL Butter

KOMPOTT: Birnen waschen, vierteln, schälen, vom Kerngehäuse befreien und in ca. 1 cm große Würfel schneiden. Die Birnenwürfel mit 100 ml Wasser in einen Topf geben, aufkochen und 5–7 Min. bei mittlerer Hitze zugedeckt köcheln lassen, bis sie weich sind. Kompott mit Zimt würzen, in eine Schüssel geben und abkühlen lassen.

KAISERSCHMARRN: Während das Kompott kocht, 4 Fier trennen. 4 Eiweiße mit 1 Prise Salz steif schlagen. 2 ganze Eier, die Eigelbe, Mandelmehl, 40 g Zucker, Flohsamenschalen, Milch und Sahne in eine Rührschüssel geben und glatt rühren. Den Eischnee mit einem Schneebesen unterheben.

FERTIGSTELLEN: Den Backofen auf 80° vorheizen.
2 EL Butter in einer breiten Pfanne erhitzen und die Hälfte des Teigs hineingeben. Den Teig bei mittlerer Hitze ca. 3 Min. backen, bis er an der Unterseite goldbraun und etwas gestockt ist. Mit einem Pfannenwender den dicken Pfannkuchen vierteln und die Viertel wenden. Nach weiteren 3 Min. Bratzeit die Viertel in mundgerechte Stücke zerteilen.

1 EL Butter und 1 EL Zucker dazugeben und den Schmarrn weiterbraten, bis der Zucker karamellisiert ist. Kaiserschmarrn aus der Pfanne auf einen Teller geben und warm stellen. Aus der zweiten Teighälfte auf die gleiche Weise einen Kaiserschmarrn backen. Schmarrn auf vier Tellern anrichten und mit dem Birnenkompott servieren.

Für 4 Personen • 20 Min. Zubereitung • 20 Min. Garen • 1 Std. Auskühlen •
Pro Portion ca. 235 kcal, 4 g E, 19 g F, 12 g KH

APFELSCHNEE MIT KNUSPER 🍃

GÜNSTIG

2 große süße Äpfel (z. B. Pino-
va; ca. 500 g)
50 g Mandelstifte
1 TL Honig
1 TL Zimtpulver
150 g Sahne

1 Äpfel vierteln, schälen und vom Kerngehäuse befreien. Die Apfelviertel mit 100 ml Wasser in einen Topf geben, zum Kochen bringen und zugedeckt bei mittlerer Hitze ca. 20 Min. köcheln lassen, bis sie so weich sind, dass sie von alleine zerfallen. Dabei immer wieder kontrollieren, ob noch genug Wasser im Topf ist. Wenn nicht, etwas Wasser nachgießen.

2 Inzwischen die Mandelstifte in einer Pfanne ohne Fett unter Rühren bei mittlerer Hitze 4 Min. anrösten. Den Honig dazugeben und gut untermischen. Die Mandeln mit ½ TL Zimt bestäuben und auf einem Stück Backpapier erkalten lassen.

3 Äpfel mit einer Gabel fein zerdrücken, mit restlichem Zimt würzen und das Mus auskühlen lassen. Anschließend die Sahne steif schlagen und unter das kalte Apfelmus rühren. Apfelschnee auf vier Gläser verteilen und mit den Mandeln bestreut servieren.

Für 4 Personen • 25 Min. Zubereitung • 4 Std. Tiefkühlen • Pro Portion ca. 130 kcal, 3 g E, 9 g F, 10 g KH

FROZEN MANGO-DROPS 🌿

EINFACH

1 Mango (200 g Fruchtfleisch)
20 g Edelbitterschokolade
  (85 % Kakaoanteil)
250 g Sahnejoghurt
2 Prisen gemahlene Vanille

AUSSERDEM
Eiswürfelform (ersatzweise
  Mini-Silikonbackform)

1 Die Mango schälen, das Fruchtfleisch vom Kern schneiden und würfeln. Mangowürfel mit 5 EL Wasser in einen kleinen Topf geben, zum Kochen bringen und 5 Min. bei mittlerer Hitze köcheln lassen. Die Mango in eine Schüssel umfüllen und etwas auskühlen lassen.

2 Die Schokolade klein hacken. Joghurt und Vanille zur Mango geben und alle drei Zutaten mit dem Pürierstab fein pürieren, die Schokoladenstückchen unterheben. Die Masse in die Eiswürfelform füllen und im Tiefkühlfach in ca. 4 Std. tiefkühlen.

3 Die Drops 30 Min. vor dem Servieren auf Dessertteller stürzen und antauen lassen, bis man sie gut löffeln kann. Alternativ direkt auf der Zunge zergehen lassen.

REGISTER

Vegetarische Rezepte, die im Buch mit einem ◖ gekennzeichnet sind, sind hier grün abgesetzt.

Abkürzungsverzeichnis:

E = Eiweiß
EL = Esslöffel (gestrichen)
F = Fett
kcal = Kilokalorien
KH = Kohlenhydrate
Msp. = Messerspitze
Pck. = Päckchen
TK- = Tiefkühl-
TL = Teelöffel (gestrichen)
Ø = Durchmesser

© 2018 GRÄFE UND UNZER VERLAG GmbH, München

Projektleitung: Vanessa Lotz
Lektorat: Christin Geweke
Korrektorat: Adriane Andreas
Gesamtgestaltung: independent Medien-Design, München: Horst Moser (Artdirection), Lucie Heselich, Svenja Wamser
Herstellung: Renate Hutt
Satz: Kösel, Krugzell
Reproduktion: medienprinzen GmbH, München
Druck und Bindung:
Firmengruppe APPL, aprinta druck, Wemding
Syndication:
www.seasons.agency
Printed in Germany

1. Auflage 2018
ISBN 978-3-8338-6630-2

www.facebook.com/gu.verlag

GRÄFE
UND
UNZER

Ein Unternehmen der
GANSKE VERLAGSGRUPPE

DIE AUTORIN

Cora Wetzstein ist Ökotrophologin und arbeitet als freie Lektorin und Autorin. Sie liebt gutes Essen und hasst es, Kalorien zu zählen. Mit Low Carb Seelenfutter möchte sie zeigen, dass yummy Essen einfach glücklich macht und trotzdem gesund ist. Und dass Fünfe grade sein zu lassen, kein Weltuntergang, sondern Genuss pur ist!

DER FOTOGRAF

Mathias Neubauer ist Foodfotograf und Grafik-Designer, er arbeitet für internationale Buchverlage und Magazine wie den FEINSCHMECKER. In seinem Studio in Seligenstadt hat er das Low-Carb-Seelenfutter stimmungsvoll in Szene gesetzt. Unterstützt wurde er dabei von seinem Bruder **Andreas Neubauer** (Foodstyling).

BILDNACHWEIS

Mathias Neubauer: S. 06–59 und Stepfotos auf den Klappen
auen60: S. 01, 05 und Stillleben auf den Klappen
Autorenfoto: Grandel Werbefotografie
Coverfoto: Kathrin Koschitzki

Umwelthinweis:
Dieses Buch ist auf PEFC-zertifiziertem Papier aus nachhaltiger Waldwirtschaft gedruckt.

LIEBE LESERINNEN UND LESER,

wir wollen Ihnen mit diesem Buch Informationen und Anregungen geben, um Ihnen das Leben zu erleichtern oder Sie zu inspirieren, Neues auszuprobieren. Wir achten bei der Erstellung unserer Bücher auf Aktualität und stellen höchste Ansprüche an Inhalt und Gestaltung. Alle Anleitungen und Rezepte werden von unseren Autoren, jeweils Experten auf ihrem Gebiet, gewissenhaft erstellt und von unseren Redakteuren/innen mit größter Sorgfalt ausgewählt und geprüft.

Haben wir Ihre Erwartungen erfüllt? Sind Sie mit diesem Buch und seinen Inhalten zufrieden? Haben Sie weitere Fragen zu diesem Thema? Wir freuen uns auf Ihre Rückmeldung, auf Lob, Kritik und Anregungen, damit wir für Sie immer besser werden können. Und wir freuen uns, wenn Sie diesen Titel weiterempfehlen, in Ihrem Freundeskreis oder online.

Sollten wir Ihre Erwartungen so gar nicht erfüllt haben, tauschen wir Ihnen Ihr Buch jederzeit gegen ein gleichwertiges zum gleichen oder ähnlichen Thema um.

KONTAKT

GRÄFE UND UNZER VERLAG
Leserservice
Postfach 86 03 13
81630 München
E-Mail: leserservice@graefe-und-unzer.de

Telefon: 0 08 00 / 72 37 33 33*
Telefax: 0 08 00 / 50 12 05 44*
Mo – Do: 9.00 – 17.00 Uhr
Fr: 9.00 – 16.00 Uhr (*gebührenfrei in D,A,CH)

APPETIT AUF MEHR?

AVOCADO

ISBN 978-3-8338-6625-8

HEISSLUFT-FRITTEUSE

ISBN 978-3-8338-6799-6

TAJINE

ISBN 978-3-8338-6626-5

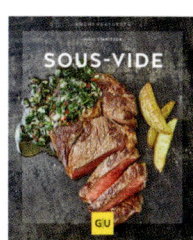

SOUS-VIDE

ISBN 978-3-8338-6629-6

ZART & SAFTIG BEI 80°

ISBN 978-3-8338-6614-2

TEX-MEX KÜCHE

ISBN 978-3-8338-6627-2

VIETNAM

ISBN 978-3-8338-6628-9

AUFLÄUFE

ISBN 978-3-8338-6623-4

KÜRBIS

ISBN 978-3-8338-6619-7

QUICHES

ISBN 978-3-8338-6618-0

RACLETTE

ISBN 978-3-8338-6616-6

VEGETARISCH

ISBN 978-3-8338-6622-7

WAFFELN

ISBN 978-3-8338-6624-1

WOK

ISBN 978-3-8338-6620-3

1 NUDEL - 50 SAUCEN

ISBN 978-3-8338-6617-3

1 TEIG - 50 KUCHEN

ISBN 978-3-8338-6621-0

 Alle hier vorgestellten Bücher sind auch als eBook erhältlich.

Mehr von GU auf **www.gu.de** und facebook.com/gu.verlag

DIE »GU KOCHEN PLUS«-APP

1 APP HERUNTERLADEN

Laden Sie die kostenlose »GU Kochen Plus«-App im Apple App Store oder im Google Play Store auf Ihr Smartphone. Starten Sie die App und wählen Sie Ihren Küchenratgeber aus.

2 REZEPTBILD SCANNEN

Scannen Sie das gewünschte Rezeptbild mit der Kamera Ihres Smartphones. Klicken Sie im Display die Funktion Ihrer Wahl.

3 FUNKTIONEN NUTZEN

Sammeln Sie Ihre Lieblingsrezepte. Speichern und verschicken Sie Ihre Einkaufslisten. Oder nutzen Sie den praktischen Supermarkt-Finder und den Rezept-Planer.